Nichts

*Für
Nichts
und
Niemanden*

Hagen Behring

Nichts

Aber auch gar nichts

Bibliografische Information der Deutschen National-bibliothek:
Die Deutsche Nationalbibliothek verzeichnet diese Publikation in der Deutschen Nationalbibliografie; detaillierte bibliografische Daten sind im Internet über http://dnb.dnb.de abrufbar.

© 2016 Hagen Behring

Cover: Gedenkstein in Kyritz / Brandenburg:
  „Dieser Stein erinnert an den 14.02.1842
  Hier geschah um 10.57 Uhr NICHTS"

Herstellung und Verlag: BoD – Books on Demand, Norderstedt

ISBN: 978-3-7392-2987-4